школа - skoro	2
путовање - koiri	5
транспорт - transport	8
град - foto	10
пејсаж - landschap	14
ресторан - restaurant	17
супермаркет - wenkri	20
напитци - dringi	22
јело - nyan	23
сеоско газдинство - burugron	27
кућа - oso	31
дневна соба - foroisi	33
кухиња - botrali	35
купаоница - was oso	38
дечија соба - pikin kamra	42
одећа - krosi	44
канцеларија - kantoro	49
економија - ekonomia	51
занимања - kari	53
алати - wrokosani	56
музички инструмент - poku sani	57
зоолошки врт - meti dyari	59
спорт - sport	62
активности - aktifiteit	63
породица - famiri	67
тело - skin	68
болница - ati oso	72
хитни случај - nowtu	76
земља - grontapu	77
сат - oloisi	79
седмица - wiki	80
година - yari	81
облици - form	83
боје - kloru	84
супротности - difrenti	85
бројеви - nomru	88
језици - den tongo	90
ко / шта / како - suma / sang / fa	91
где - pe	92

Impressum
Verlag: BABADADA GmbH, Nedderfeld 112 , 22529 Hamburg
Geschäftsführer / Verlagsleitung: Harald Hof
Druck: Books on Demand GmbH, In de Tarpen 42, 22848 Norderstedt

Imprint
Publisher: BABADADA GmbH, Nedderfeld 112 , 22529 Hamburg, Germany
Managing Director / Publishing direction: Harald Hof
Print: Books on Demand GmbH, In de Tarpen 42, 22848 Norderstedt, Germany

школа
skoro

учиона / klas
делити / prati
плоча / bord
школско двориште / skoro dyari
наставник / leriman
папир / papira
писати / skrifi
хемијска оловка / pen
писаћи сто / tafra
лењир / lati
књига / buku
ученик / studenti

торба

skorotas

перница

kisi

графитна оловка

skriftiki

шиљило за оловке

srapu

гумица за брисање

sisibi

блок за цртање

prenki buku

школа - skoro

цртеж prenki	кист kwasi	кутија са бојама ferfidosu

маказе sisei	лепило gomma	бележница skrifbuku

домаћи задатак skorowroko	број nomru	сабирати teri

одузимати koti	множити vermenigvuldig	рачунати teri

слово brifi	абецеда alfabet	реч wortu

школа - skoro

текст awortu	читати lesi	креда kreiti
	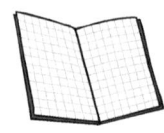	
час yuru	дневник klasbuku	испит examen

сведочанство skoropapira	школска униформа sem skoro krosi	образовање skoro

лексикон encyklopedie	универзитет unifersiteit	микроскоп mikroskoop
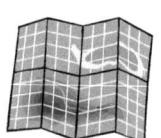		
карта karta	кошара за папир doti embre	

путовање
koiri

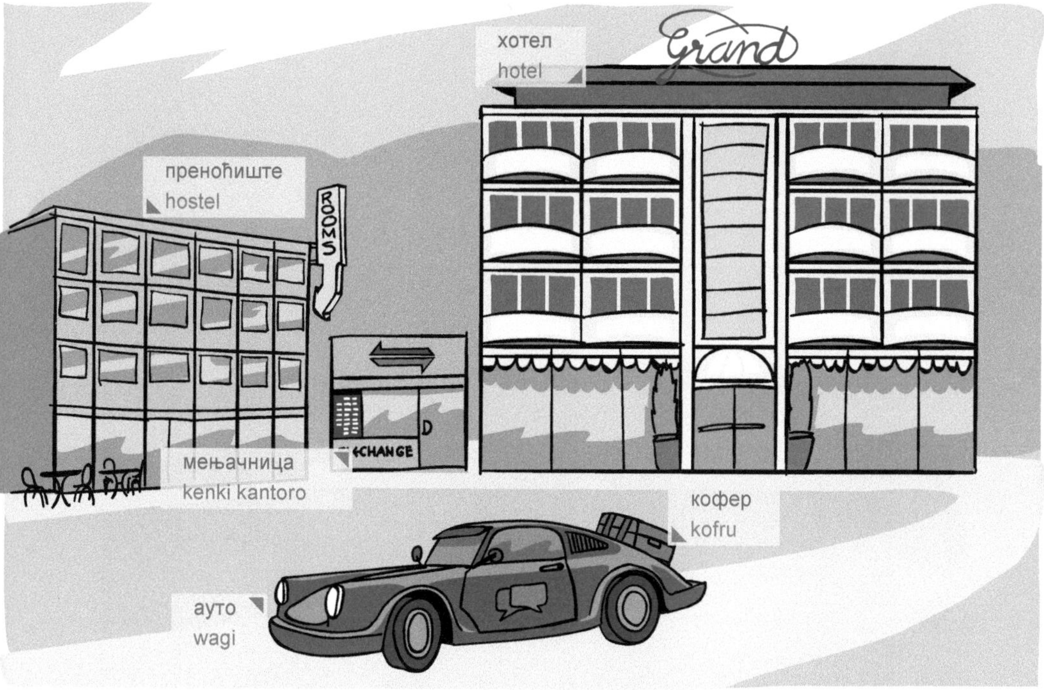

хотел
hotel

пренoћиштe
hostel

мeњачница
kenki kantoro

кофeр
kofru

ауто
wagi

језик
tongo

да / не
ai / no

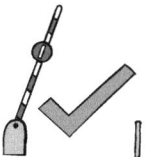

океј
afen

здраво
Ei!

преводилац
torku

хвала
Grantangi

Колико кошта...?
O meni...?

не разумем
Mi ne ferstan

проблем
problema

добро вече!
Kuneti!

Добро јутро!
Morgu!

Лаку ноћ!
Kuneti!

довиђења
Adyosi!

смер
beni

пртљага
bagasi

торба
tas

руксак
tas

гост
fisiti

соба
kamra

врећа за спавање
sribi saka

шатор
tenti

путовање - koiri

туристичке информације
reiskantoro

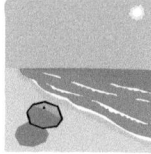
плажа
sekanti

кредитна картица
kreditkarta

доручак
mamanten nyanyan

ручак
nyanyan

вечера
nyanyan

карта за вожњу
karta

лифт
lift

поштанска маркица
stampu

граница
lanki

царина
douane

амбасада
ambassade

виза
fisa

пасош
pasportu

путовање - koiri

7

транспорт
transport

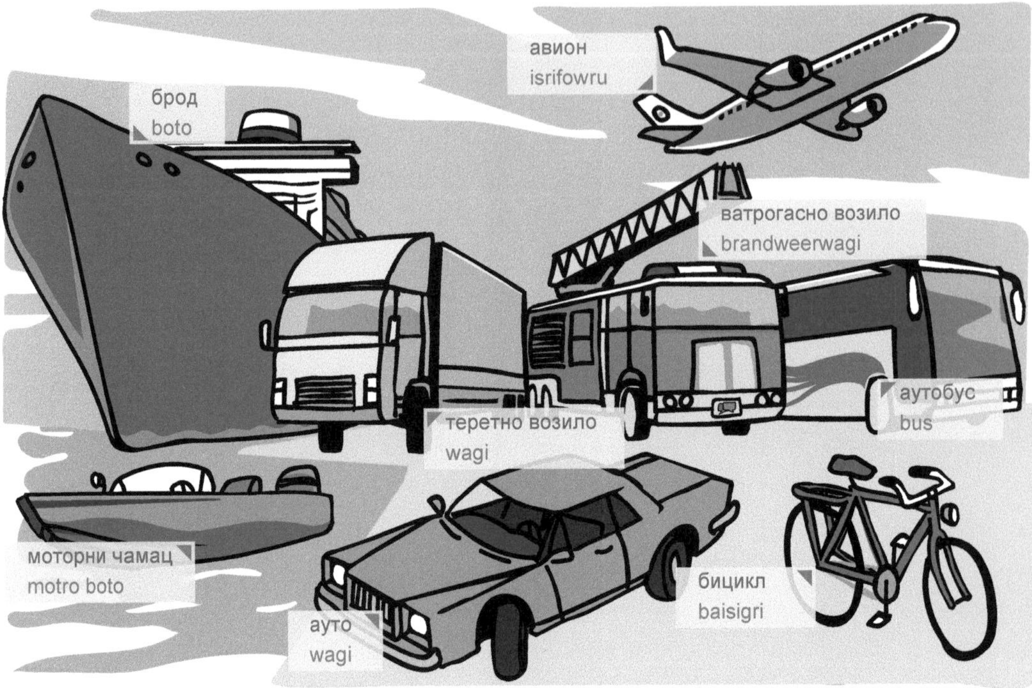

авион
isrifowru

брод
boto

ватрогасно возило
brandweerwagi

аутобус
bus

теретно возило
wagi

моторни чамац
motro boto

ауто
wagi

бицикл
baisigri

трајект

pondo

чамац

boto

мотоцикл

motro

полицијски ауто

skowtu wagi

тркаћи ауто

streilon wagi

изнајмљено ауто

yuru wagi

дељење аутомобила	вучно возило	возило за одвоз смећа
wagi prati	takelwagi	doti wagi

мотор	бензин	бензинска станица
motro	oli	oli pompu
	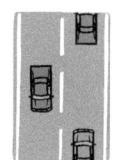	
саобраћајни знак	саобраћај	застој
ferkeermarki	ferkeer	reylo

паркиралиште	железничка станица	шине
parkeerpresi	lokopresi	rail
	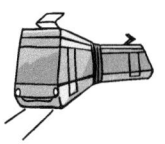	
воз	трамвај	вагон
loko	loko	wagi

хеликоптер
helikopter

аеродром
opolangi

кула
fortresi

путник
pasasir

контејнер
kontainer

картон
doso

колица
wagi

корпа
baskita

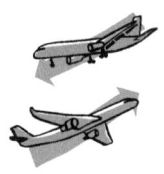
узлетети / слетети
opo go / saka

град
foto

село
dorpu

центар града
fotosei

кућа
oso

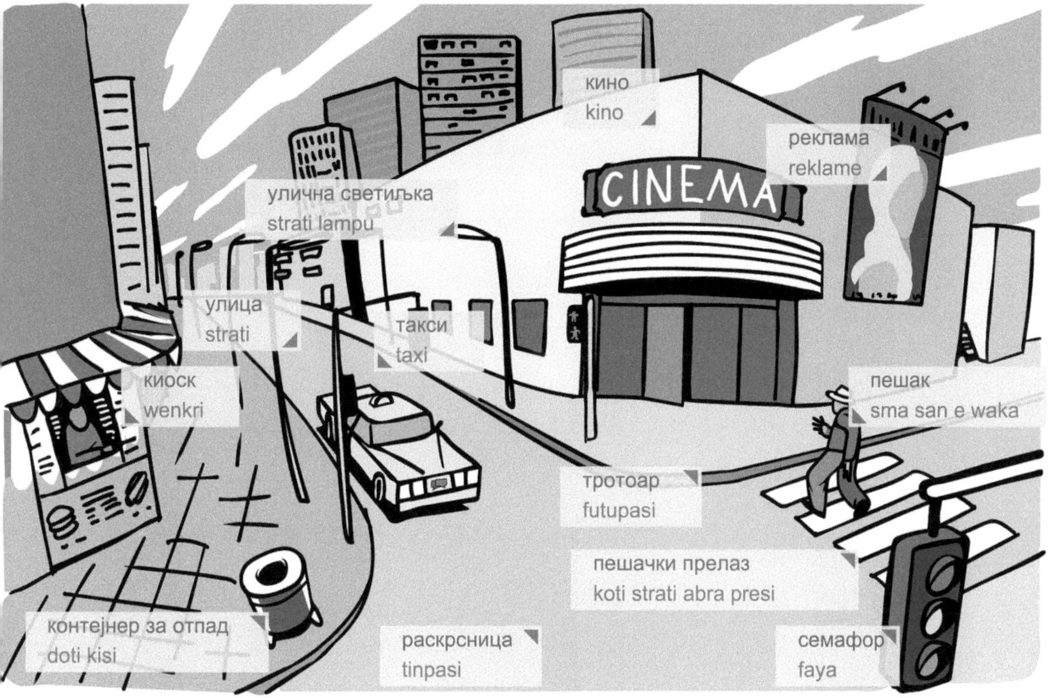

кино / kino

реклама / reklame

улична светиљка / strati lampu

улица / strati

такси / taxi

киоск / wenkri

пешак / sma san e waka

тротоар / futupasi

пешачки прелаз / koti strati abra presi

контејнер за отпад / doti kisi

раскрсница / tinpasi

семафор / faya

колиба
kampu

стан
oso

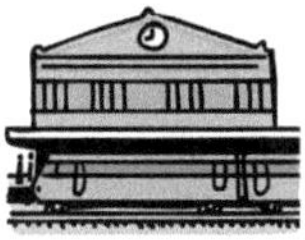

железничка станица
lokopresi

већница
foto oso

музеј
museum

школа
skoro

град - foto

универзитет
unifersiteit

банка
bangi

болница
ati oso

хотел
hotel

апотека
apteiki

канцеларија
kantoro

књижара
buku winkri

продавница
wenkri

цвећара
bromki winkri

супермаркет
wenkri

трг
wowoyo

робна кућа
wowoyo

рибарница
fisi seri man

трговачки центар
bigi wenkri

лука
lanpresi

парк
park

клупа
bangi

мост
broki

степенице
trapu

подземна железница
fatyawagi

тунел
ondrogron-strati

аутобуска станица
bushalte

бар
bar

ресторан
restaurant

поштанско сандуче
brifibus

улични знак
strati nen marki

паркирни аутомат
parkeer marki

зоолошки врт
meti dyari

базен
swen presi

џамија
gado-oso

сеоско газдинство	загађење околине	гробље
burugron	doti sani	berpe

црква	игралиште	храм
kerki	prei presi	gado-oso

пејсаж
landschap

- лист — wiwiri
- путоказ — pasi marki
- пут — pasi
- ливада — wei
- камен — ston
- дрво — bon
- шетач — koiri sma
- река — libi
- трава — grasi
- цвет — bromki

долина
lagi presi

планина
lebriki

језеро
fisi-olo

шума
busi

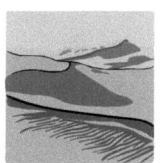
пустиња
dreisabana

вулкан
bergi

дворац
ridder-oso

дуга
alenbo

гљива
todoprasoro

палма
palmbon

москито
maskita

мува
freifrei

мрав
mira

пчела
waswasi

паук
anansi

пејсаж - landschap

буба
asege

жаба
todo

веверица
bonboni

јеж
agidya

зец
kon koni

сова
owru kuku

птица
fowru

лабуд
gansi

дивља свиња
werder agu

јелен
dia

лос
dia

насип
dan

ветрењача
winti miri

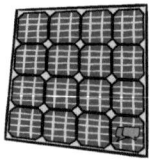
соларна плоча
son planga

клима
weer

пејсаж - landschap

ресторан
restaurant

предјело
fesi nyanyan

главно јело
moro prenspari sortu nyan

десерт
switi sani

напитци
dringi

јело
nyan

флаша
batra

брза храна
fastfood

имбис храна
strati nyanyan

чајник
tépatu

доза за шећер
sukru patu

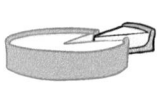

порција
krab'patu

апарат за еспресо
espressomasyin

висока столица
pikin sturu

рачун
borgu

послужавник
brakri

нож
nefi

виљушка
forku

кашика
spun

чајна кашика
téspun

салвета
servet

чаша
grasi

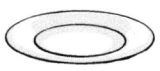

тањир
preti

тањир за супу
supu preti

тањирић
skotriki

сос
sowsu

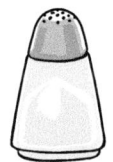

сољенка
sowtupatu

млин за бибер
pepre miri

сирће
asin

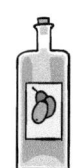

уље
oli

зачини
specerij

кечап
ketchup

сенф
mosterd

мајонеза
mayonaise

ресторан - restaurant

супермаркет
wenkri

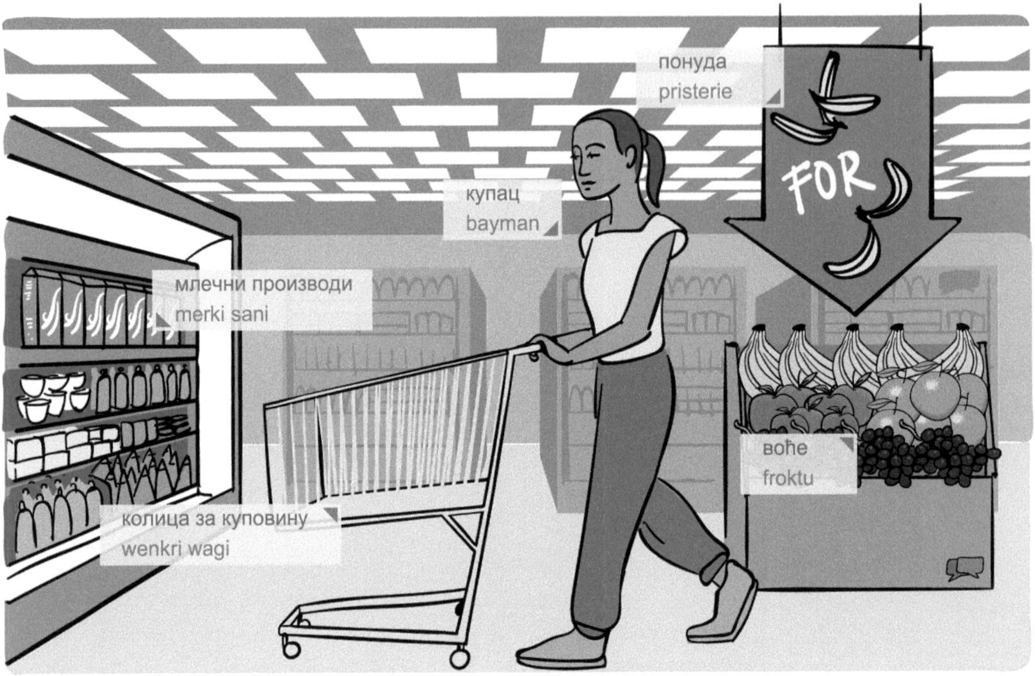

понуда
pristerie
FOR
купац
bayman
млечни производи
merki sani
воће
froktu
колица за куповину
wenkri wagi

BUTCHERS

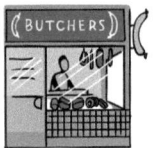

месница

srakti-oso

BAKERY

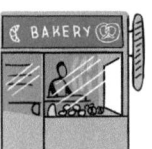

пекара

bakri-oso

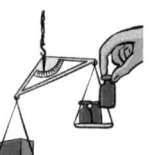

вагати

wegi

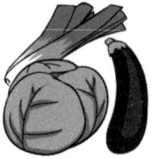

поврће

gruntu

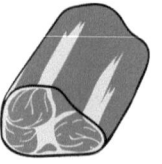

месо

meti

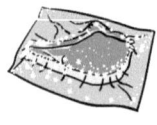

смрзнута храна

dijskasi sani

нарезак
kowru meti

конзерве
blik nyan

средство за прање
wasi sani

слаткиши
switi sani

артикли за домаћинство
oso sani

средства за чишћење
sani fu krin

продавачица
seri sma

благајна
kas

благајник
kasman

листа за куповину
bai marki

време рада
opo yuru

новчаник
portmoni

кредитна картица
kreditkarta

торба
tas

пластична кеса
plastik saka

супермаркет - wenkri

напитци
dringi

вода
watra

сок
sap

млеко
merki

кола
kola

вино
win

пиво
biri

алкохол
sopi

какао
skrati

чај
té

кава
kofi

еспресо
espresso

капућино
kappuccino

јело
nyan

банана
bakba

јабука
apra

наранџа
apresina

лубеница
watramun

лимун
sitrun

шаргарепа
rutu

бели лук
konofroku

бамбус
bambu

лук
aiun

гљива
todoprasoro

орашасти плодови
noto

резанци
pasta

шпагете
spaghetti

рижа
alesi

салата
salade

помфрит
patata

печени крумпир
baka patata

пица
pissa

хамбургер
burger

сендвич
brede

шницла
schnitsel

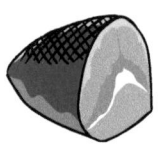

шунка
ameti

салама
salami

кобасица
worst

кокош
kafowru

печење
bakadina

риба
fisi

jeло - nyan

зобене пахуљице

hafermout

мусли

muesli

кукурузне пахуљице

karuflakes

брашно

blon lolo

кроасан

croissant

пециво

brede

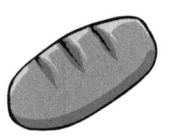

хлеб

brede

тоаст

baka brede

кекси

buskutu

маслац

botro

свежи сир

kwark

колач

kuku

јаје

eksi

јаје на око

baka eksi

сир

kasi

јело - nyan

сладолед

ice-cream

шећер

sukru

мед

oni

мармелада

jam

нугат крема

sukruskrati pasta

кари

kerrie

сеоско газдинство
burugron

сеоска кућа — wroko gron presi
амбар — maksin
бале сена — grasi bergi
поље — gron
коњ — asi
приколица — aanhangwagi
ждребе — pikin asi
трактор — traktor
магарац — buriki
овца — skapu
лане — pikin skapu

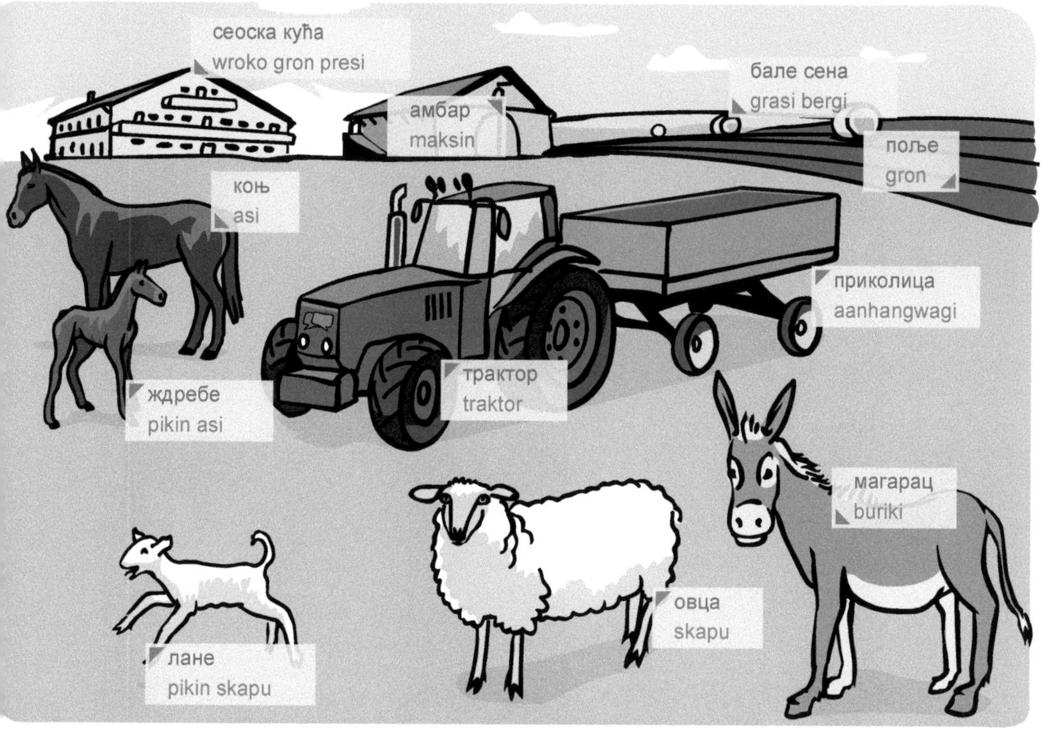

коза

krabita

крава

kaw

теле

pikin kaw

свиња

agu

прасе

pikin agu

бик

burkaw

сеоско газдинство - burugron

гуска
gansi

патка
doksi

пилићи
pikin fowru

кокош
fowru

петао
kakafowru

пацов
alata

мачка
puspusi

миш
moismoisi

вол
burkaw

пас
dagu

кућица за пса
dagu pen

вртно црево
tuinslang

канта за поливање
watra kan

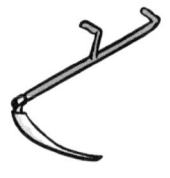

коса
nefi

плуг
pluga

сеоско газдинство - burugron

срп
babun-nefi

мотика
tyapu

виљушка за ђубриво
forku

секира
beyri

тачке
kroiwagi

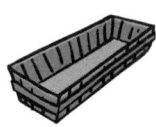
корито
baki

посуда за млеко
merki kan

врећа
saka

ограда
skotu

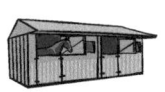
штала
pen

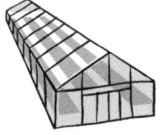
стакленик
grun kasi

земља
gron

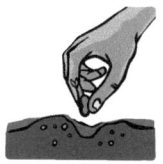
семе
siri

ђубриво
doti

комбајн
maaidorser

сеоско газдинство - burugron

жети
koti

жетва
nyanyan

јамс зачин
yami

пшеница
aleisi

соја
soja

крумпир
patata

кукуруз
karu

уљана репица
koro siri

воћка
froktu bon

гомољ маниоке
kasaba

житарице
siri

сеоско газдинство - burugron

кућа
oso

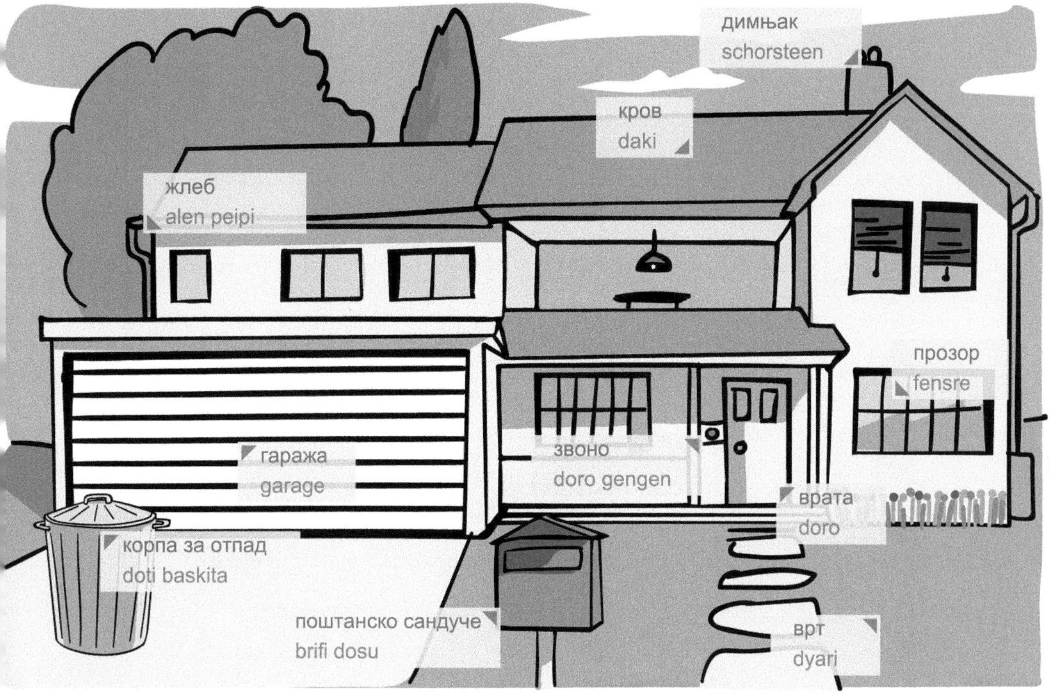

димњак
schorsteen

кров
daki

жлеб
alen peipi

прозор
fensre

гаража
garage

звоно
doro gengen

врата
doro

корпа за отпад
doti baskita

поштанско сандуче
brifi dosu

врт
dyari

дневна соба

foroisi

купаоница

was oso

кухиња

botrali

спаваћа соба

sribikamra

дечија соба

pikin kamra

трпезарија

nyanyan kamra

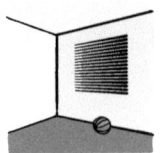

под
gron

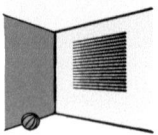

зид
skotu

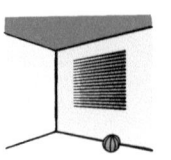

строп
plafon

подрум
kedre

сауна
sauna

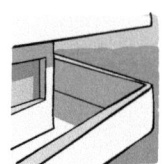

балкон
barkon

тераса
terras

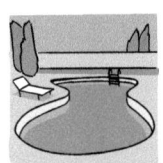

базен
swen presi

косилица за траву
waimasyin

постељина за кревет
sribikrosi

дека за кревет
sribikrosi

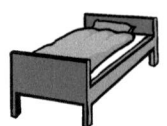

кревет
bedi

метла
sisibi

канта
embre

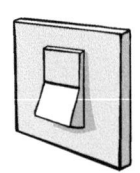

прекидач
san fu leti faya

32 кућа - oso

дневна соба
foroisi

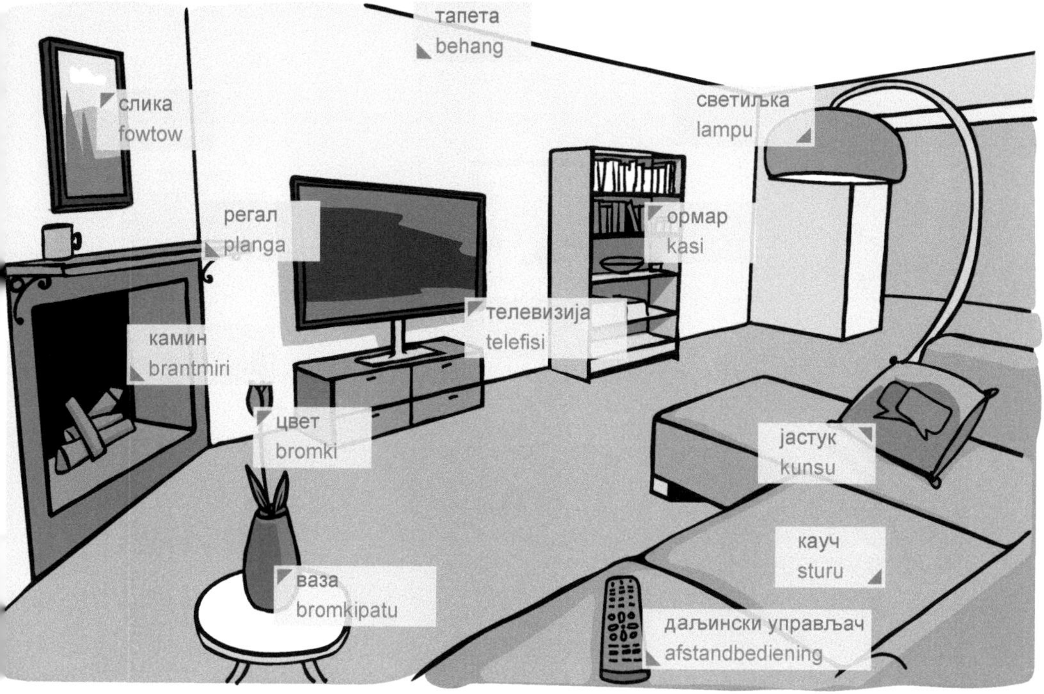

- тапета — behang
- слика — fowtow
- светиљка — lampu
- регал — planga
- ормар — kasi
- камин — brantmiri
- телевизија — telefisi
- цвет — bromki
- јастук — kunsu
- ваза — bromkipatu
- кауч — sturu
- даљински управљач — afstandbediening

тепих
matamata

завеса
garden

сто
tafra

столица
sturu

столица за њихање
boboisturu

фотеља
sturu

књига
buku

дека
tapun

декорација
pranpran

дрво за огрев
udu

филм
kino

хи-фи уређај
stereo- installatie

кључ
sroto

новине
koranti

слика на платну
skedrei

постер
poster

радио
konkrudosu

блок за писање
skrifi buku

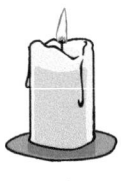

усисивач
stofsuiger

кактус
kaktus

свећа
kandra

дневна соба - foroisi

кухиња
botrali

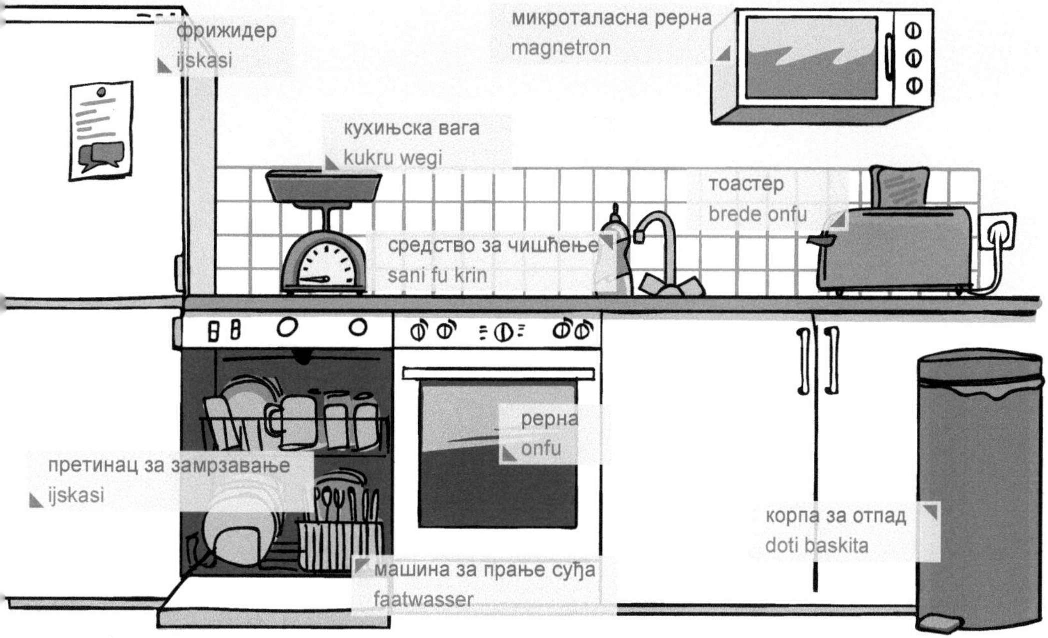

фрижидер
ijskasi

микроталасна рерна
magnetron

кухињска вага
kukru wegi

средство за чишћење
sani fu krin

тоастер
brede onfu

рерна
onfu

претинац за замрзавање
ijskasi

корпа за отпад
doti baskita

машина за прање суђа
faatwasser

шпорет
onfu

лонац
patu

гвоздени лонац
isri patu

вок / кадаи
wok / kadai

тава
pan

кувало за воду
ketre

кухиња - botrali

кувало на пару
dampupatu

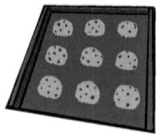

лим за печење
baka preti

посуђе
tafra-sani

чаша
kan

посуда
koba

штапићи за јело
nyantiki

кутлача
supu spun

лопатица
spatel

пењача
klutser

сито за кување
fergiet

сито
dorodoro

рибеж
gritigriti

мужар
mortier

роштиљ
barbakoto

огњиште
faya presi

даска
koti planga

оклагија
blon lolo

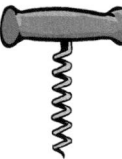

вадичеп
korkutreki

конзерва
tromu

отварач конзерви
knefi fu opo blik

крпа за лонац
patu duku

судопер
wasibaki

четка
bosro

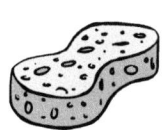

сунђер
sponsu

миксер
blender

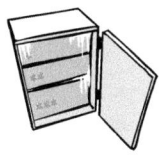

замрзивач
ijskasi

флашица за бебе
beibi batra

славина за воду
kran

кухиња - botrali

купаоница
was oso

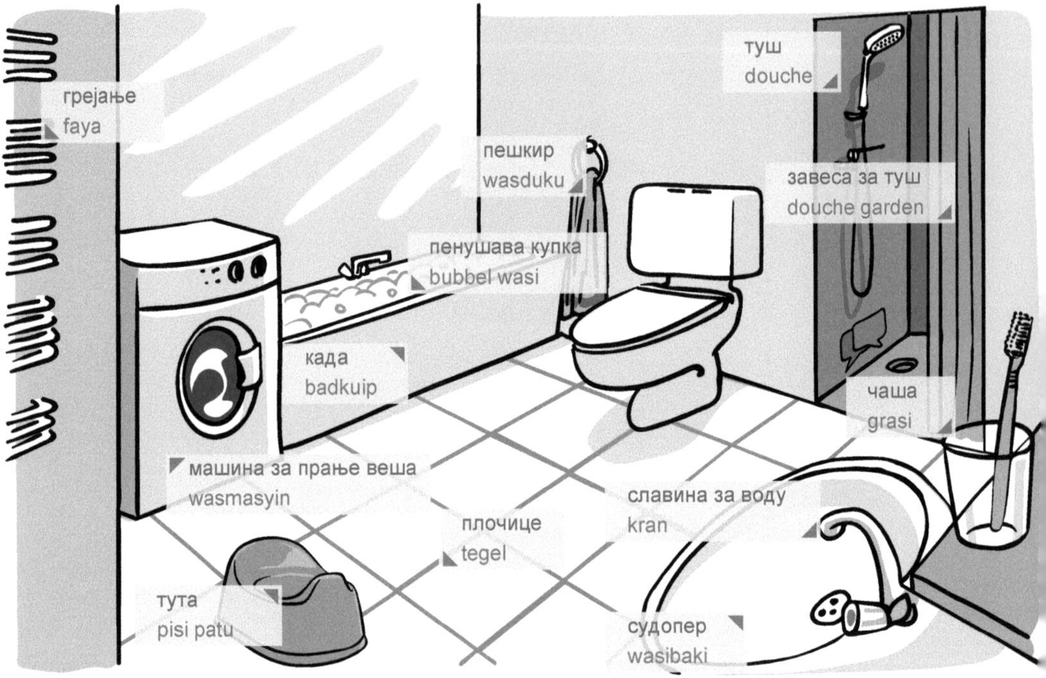

- грејање / faya
- туш / douche
- пешкир / wasduku
- завеса за туш / douche garden
- пенушава купка / bubbel wasi
- када / badkuip
- чаша / grasi
- машина за прање веша / wasmasyin
- славина за воду / kran
- плочице / tegel
- тута / pisi patu
- судопер / wasibaki

тоалет

kumakoisi

чучавац

kumakoisi

бидет

bidet

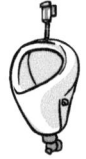

писоар

pisi presi

тоалетни папир

kumakoisi papira

четка за тоалет

kumakoisi bosro

четкица за зубе
tifi bosro

паста за зубе
tandpasta

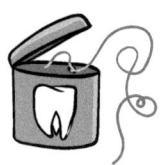

конац за зубе
floss

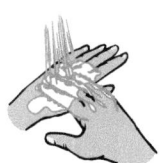

прати
wasi

туш ручица
douche

туш за прање интимних делова
kumakoisi douche

лавор
was koba

четка за прање леђа
baka bosro

сапун
sopo

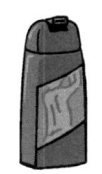

гел за тушираље
douchegel

шампон
sopo

крпа за прање
was krosi

одвод
afvoer

крема
krème

дезодоранс
okselstik

купаоница - was oso

огледало
spikri

козметичко огледало
moimoi fu fesi spikri

бријач
sebinefi

пена за бријање
sebiskuma

лосион за после бријања
aftershave

чешаљ
kankan

четка
bosro

фен за косу
wiri drei masyin

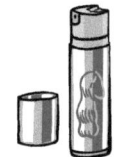

спреј за косу
wirispray

шминка
moimoi fu fesi

руж за усне
lippenstift

лак за нокте
nangra ferfi

вата
katun

маказе за нокте
nangra sey

парфем
switi smeri

купаоница - was oso

козметичка торбица

tas gi krin sani

столица

kroku

вага

wegi

огртач

was dyaki

рукавице за чишћење

handschoen fu krin

тампон

tampon

уложак

munduku

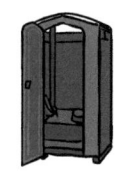

хемијски тоалет

kumakoisi

купаоница - was oso

дечија соба
pikin kamra

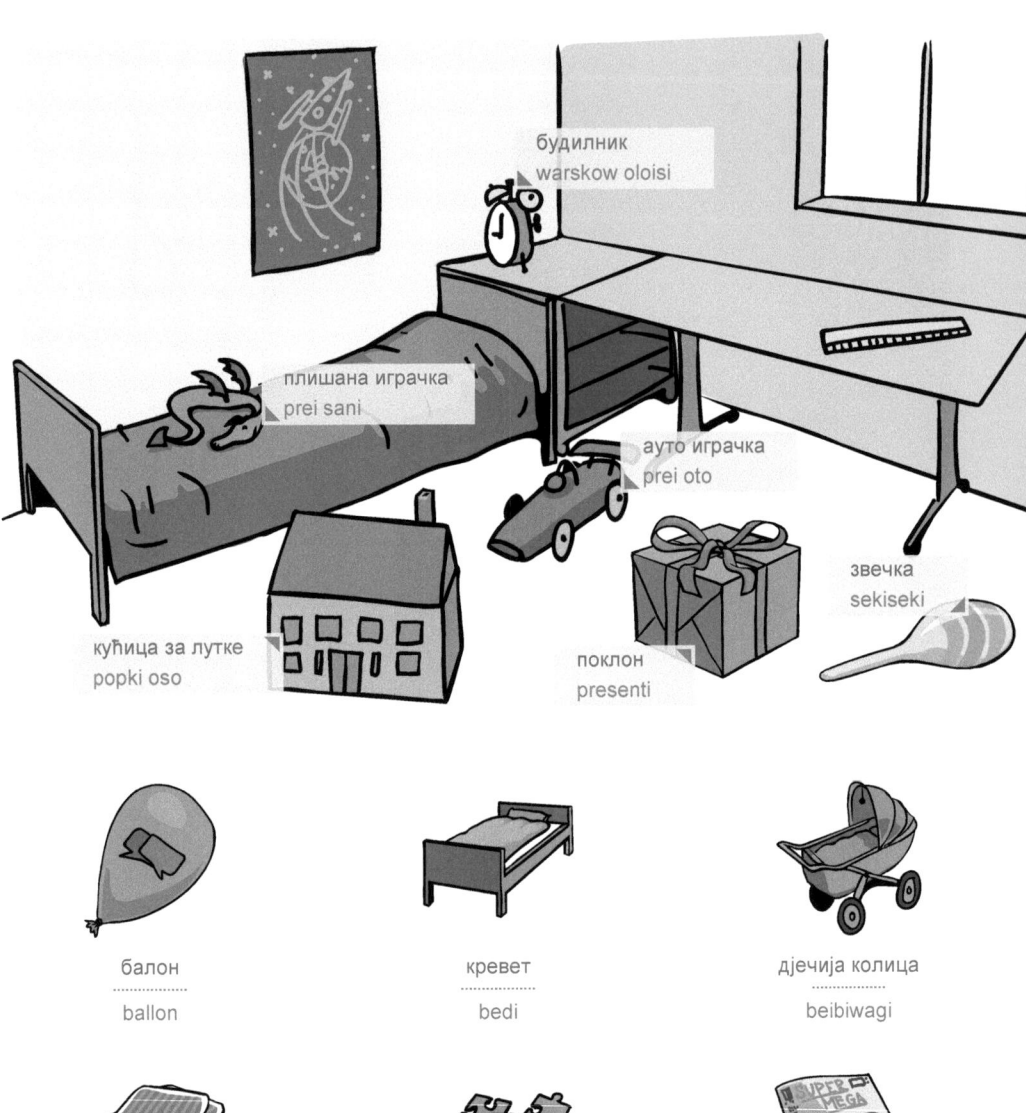

будилник — warskow oloisi
плишана играчка — prei sani
ауто играчка — prei oto
звечка — sekiseki
поклон — presenti
кућица за лутке — popki oso

балон — ballon
кревет — bedi
дјечија колица — beibiwagi
игра са картама — paki karta
слагалица — laytori
стрип — strip torie

лего коцкице
lego ston

коцкице за слагање
prei sani

акциони јунак
aktiefiguurtje

бенкица за бебе
beibikrosi

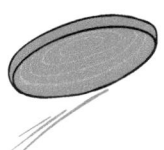

фризби
frisbee

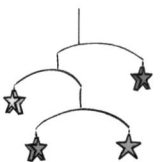

висеће играчке
mobile

друштвене игре
prei tapu bord

коцка
prei ston

минијатурна жељезница
prei sani loko

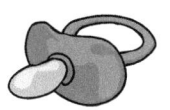

дуда
bobimofo

забава
fesa

сликовница
prenki buku

лопта
bal

лутка
popki

играти
prei

дечија соба - pikin kamra

пешчаник
santi baki

љуљачка
boboisturu

играчка
preisani

конзола за игре
prei komputer

трицикл
baysigri

теди
prei sani

ормар
krosi kasi

одећа
krosi

кратке чарапе
kowsu

чарапе
kowsu

хулахопке
kowsu

боди — skin
панталоне — bruku
фармерке — jeansbruku

сукња — koto
блуза — blus
кошуља — empi

џемпер — empi
џемпер с капуљачом — dyaki
сако — djakti

јакна — dyakti
мантил — alendyakti
кабаница — alendyakti

костим — paki
хаљина — yapon
венчаница — trowyapon

одело

paki

спаваћица

sribikrosi

пиџама

sribikrosi

сари

sari

марама за главу

angisa

турбан

tulband

бурка

burka

кафтан

kaftan

абаја

abaya

купаћи костим

swenkrosi

купаће гаћице

swenbruku

кратке панталоне

syatu bruku

одећа за тренинг

training paki

кецеља

feskoki

рукавице

handschoen

одећа - krosi

дугме
knopo

наочаре
aygrasi

наруквица
anubuy

огрлица
keti

прстен
linga

наушница
yesilinga

капа
ati

вешалица
krosi anga

шешир
ati

кравата
tay

патент затварач
rits

кацига
feti musu

наременице
bretel

школска униформа
sem skoro krosi

униформа
sem krosi

одећа - krosi

подбрадак
slabbetje

дуда
bobimofo

пелена
pisiduku

канцеларија
kantoro

- сервер / server
- ормар за списе / archief kasi
- монитор / monitor
- папир / papira
- штампач / printer
- писаћи сто / tafra
- миш / moisi
- мапа / map
- тастатура / keyboard
- кошара за папир / doti embre
- компјутер / komputer
- столица / sturu

шалица за каву
kofi kan

калкулатор
kalkulator

интернет
internet

канцеларија - kantoro

лаптоп
laptop

писмо
brifi

порука
boskopu

мобилни телефон
konkrutitei

мрежа
neti

уређај за копирање
kopi masyin

софтвер
software

телефон
konkrutitei

утичница
stopkontakt

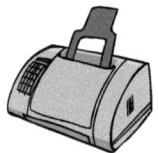
факс
fax masyin

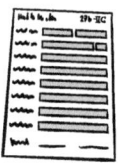
формулар
formulier

документ
papira

канцеларија - kantoro

економија
ekonomia

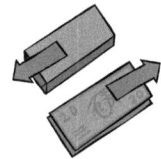
куповати
bai

платити
pai

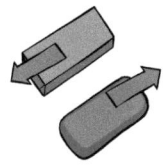
трговати
du

новац	долар	евро
moni	dollar	euro

јен	рубља	швајцарски франак
yen	rubel	frank

ренминдби јуан	рупија	аутомат за новац
renminbi yuan	rupie	monimasyin

мењачница
kenki kantoro

злато
gowtu

сребро
solfru

нафта
oli

енергија
krakti

цена
prijs

уговор
kontrakti

порез
lantimoni

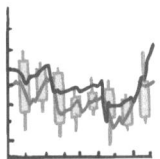
деонице
pisi

радити
wroko

службеник
wrokoman

послодавац
wrokobasi

фабрика
fabrik

продавница
wenkri

занимања
kari

полицајац
skowtu

ватрогасац
brandweerman

кувар
boriman

лекар
datra

пилот
piloot

вртлар
djariman

столар
temreman

кројачица
modist

судија
krutubasi

хемичар
scheikunde sma

глумац
akteur

возач аутобуса
sjafeur

возач такси
taximan

рибар
fisiman

чистачица
krinsma

кровопокривач
dakitapu man

конобар
diniman

ловац
ontiman

сликар
ferfiman

пекар
bakriman

електричар
elektrikman

грађевински радник
bow-wroko man

инжењер
ensjinoru

месар
sraktiman

лимар
loodgieter

поштар
postbode

занимања - kari

војник

srudati

архитекта

architekt

благајник

kasman

цвећар

bromkisma

фризер

seti sma wiri man

кондуктер

kondukteur

механичар

monteur

капетан

kapten

зубар

tifidatra

научник

sabiman

раби

Dyu domri

имам

Moslim domri

монах

moniki

свећеник

priester

занимања - kari

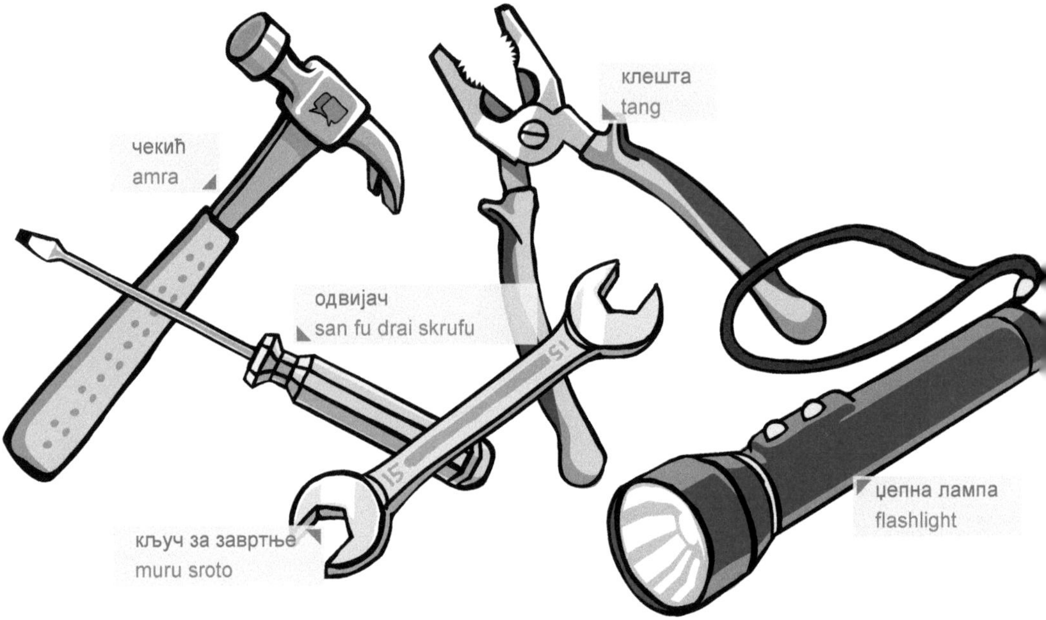

алати
wrokosani

чекић
amra

клешта
tang

одвијач
san fu drai skrufu

кључ за завртње
muru sroto

џепна лампа
flashlight

багер
dikimasyin

кутија за алат
wrokosani kisi

мердевине
trapu

пила
sa

ексер
spikri

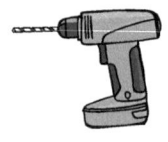

бушилица
boro

поправити
meki

лопата
skepi

до ђавола!
Baya!

лопатица
stofblik

лонац за боју
ferfi patu

завртањи
skrufu

музички инструмент
poku sani

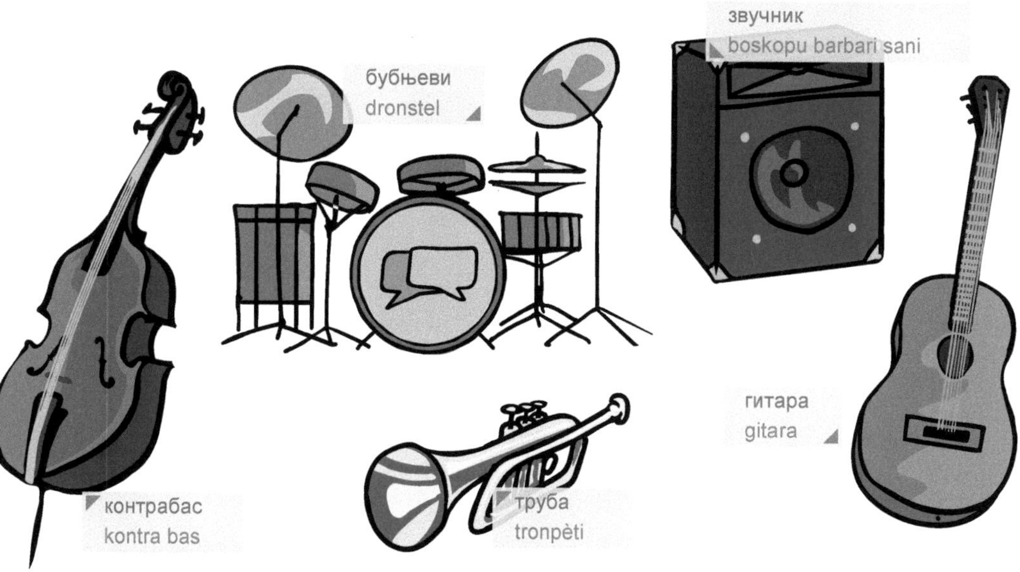

звучник
boskopu barbari sani

бубњеви
dronstel

гитара
gitara

контрабас
kontra bas

труба
tronpèti

клавир	виолина	бас
piano	finyoro	bas

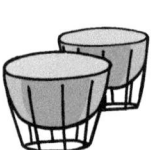  

тимпани	удараљке за бубњеве	типке клавира
pauk	dron	keyboard

саксофон	флаута	микрофон
saxofon	froiti	mikrofon

музички инструмент - poku sani

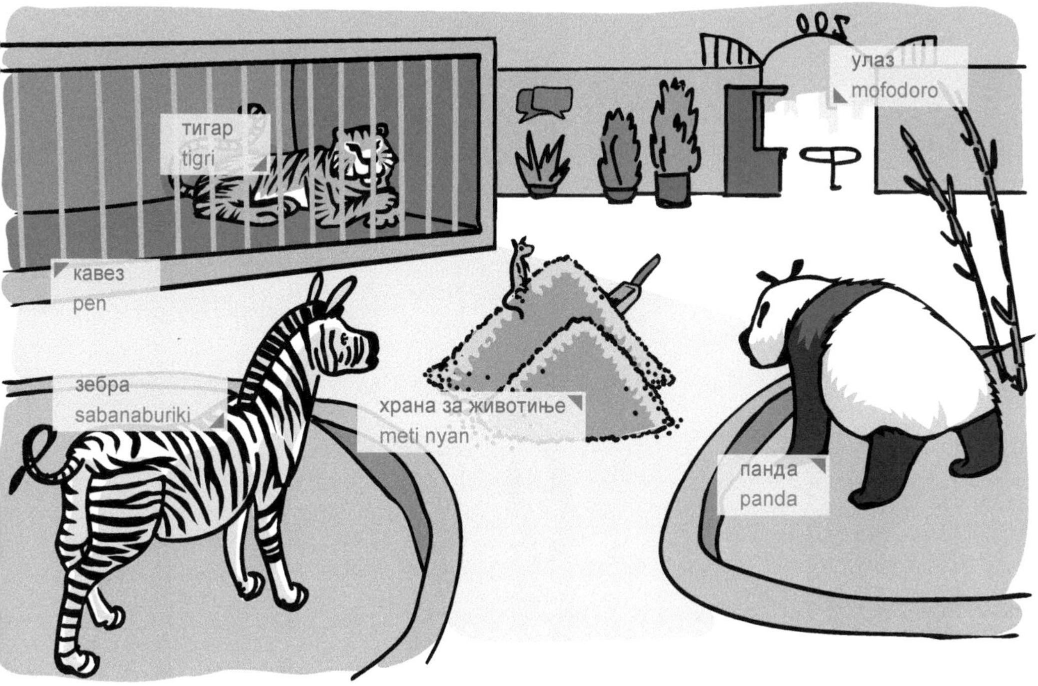

зоолошки врт
meti dyari

улаз / mofodoro
тигар / tigri
кавез / pen
зебра / sabanaburiki
храна за животиње / meti nyan
панда / panda

животиње
meti

слон
asaw

кенгур
kangeru

носорог
neushoorn

горила
gorilla

медвед
beer

камила

kameri

ној

stroisifowru

лав

lew

мајмун

monki

фламинго

korikori

папагај

popokai

поларни медвед

ijsbeer

пингвин

pinguïn

ајкула

sarki

паун

prodokaka

змија

sneki

крокодил

kaiman

чувар у зоолошком врту

sma san e sorgu meti

туљан

sedagu

јагуар

penitigri

пони

pikin asi

леопард

penitigri

нилски коњ

watrabofru

жирафа

giraf

орао

aka

дивља свиња

werder agu

риба

fisi

корњача

sekrepatu

морж

walrus

лисица

sabanadagu

газела

dia

спорт
sport

активности
aktifiteit

активности - aktifiteit

 имати abi	 чинити dati	 бити de
 стојати tnapu	 трчати lon	 повлачити hari
 бацити trowe	 падати fadon	 лежати lei
 чекати wakti	 носити tyari	 седити sidon
 облачити weri	 спавати sribi	 пробудити се wiki

активности - aktifiteit

гледати
luku

плакати
krei

миловати
korikori

чешљати
kan

говорити
taki

разумети
ferstan

питати
aksi

слушати
arki

пити
dringi

јести
nyanyan

поспремити
krin

волети
lobi

кухати
bori

возити
rei

летети
frei

активности - aktifiteit

пловити
seiri

рачунати
teri

читати
lesi

учити
leri

радити
wroko

венчати се
trow

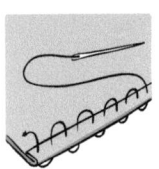

шити
nai

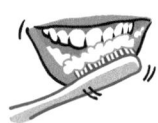

прати зубе
krintifi

убити
kiri

пушити
smoko

послати
seni

активности - aktifiteit

породица
famiri

бака / granmama
деда / granpapa
отац / papa
мајка / mama
беба / beibi
ћерка / umapikin
син / manpikin

гост

fisiti

тетка

tanta

ујак, стриц

omu

брат

brada

сестра

sisa

породица - famiri

тело
skin

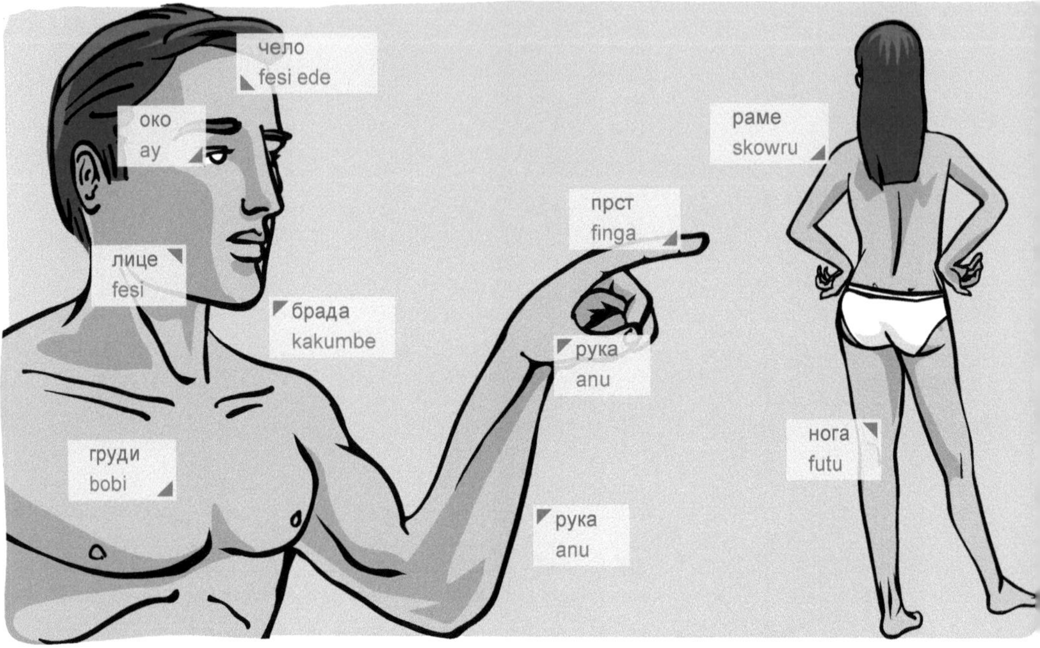

чело — fesi ede
око — ay
лице — fesi
брада — kakumbe
груди — bobi
прст — finga
рука — anu
рука — anu
раме — skowru
нога — futu

беба
beibi

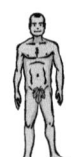

мушкарац
man

жена
uma

девојчица
uma pikin

дечак
boi

глава
ede

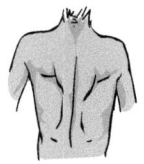
леђа
baka

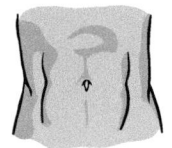
стомак
bere

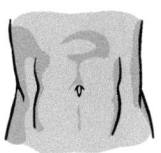
пупак
kumba

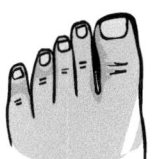
ножни прст
futufinga

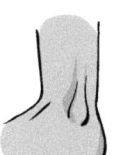
пета
bakafutu

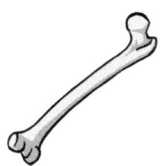
кост
bonyo

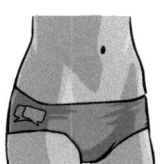
кукови
djonku

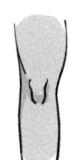
колено
kindi

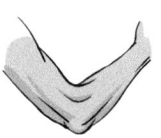
лакат
baka anu

нос
noso

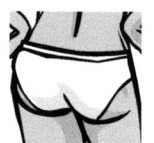
задњица
bakasei

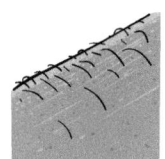
кожа
skin

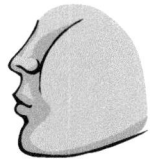
образ
seifesi

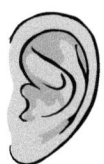
уво
yesi

усна
mofobuba

уста
mofo

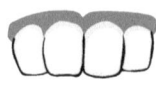
зуб
tifi

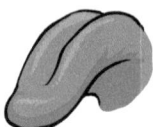
језик
tongo

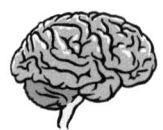
мозак
ede tonton

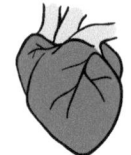
срце
ati

мишић
titei

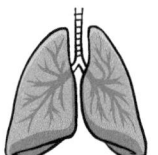
плућа
fokofoko

јетра
lefre

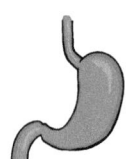
желудац
bere

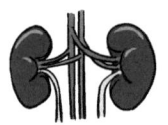
бубрези
niri

полни однос
freiri

кондом
pipikowsu

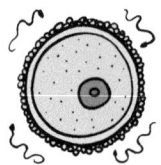
јајна ћелија
eksi

сперма
siri

трудноћа
bere

тело - skin

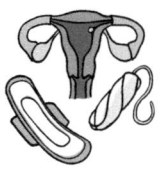
менструација
munsiki

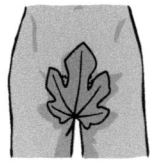
вагина
umapresi

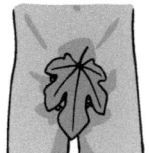
пенис
toli

обрва
atapu-ay-wiwiri

коса
wiwiri

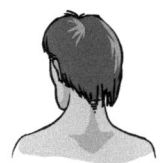
врат
neki

тело - skin

болница
ati oso

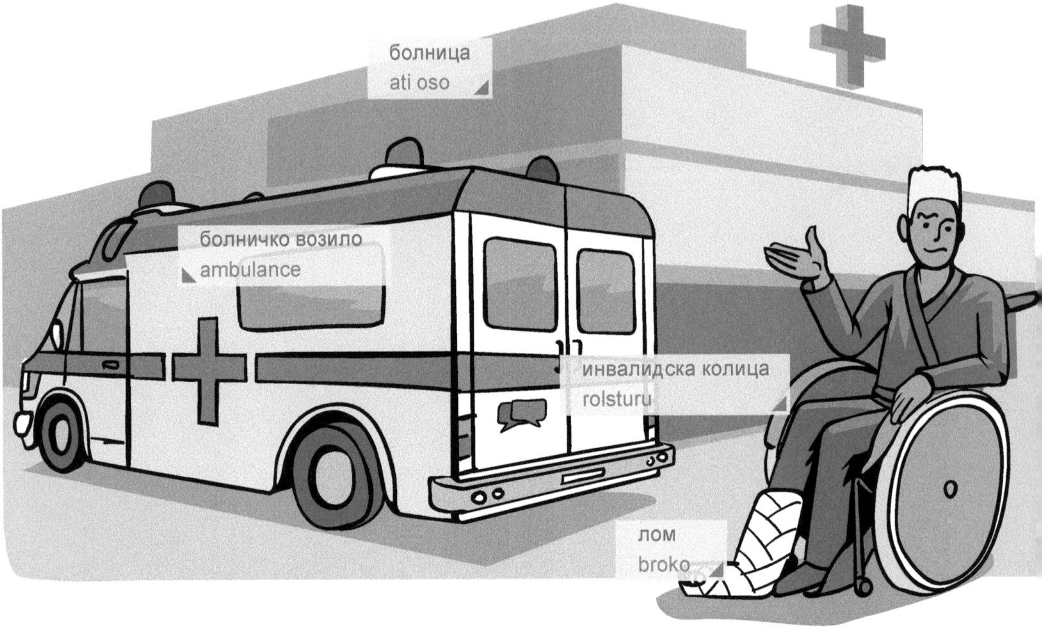

болница
ati oso

болничко возило
ambulance

инвалидска колица
rolsturu

лом
broko

лекар

datra

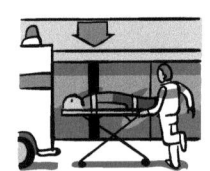

хитна медицинска служба

EHBO

медицинска сестра

suster

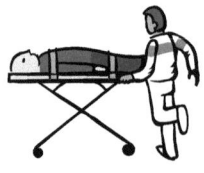

хитни случај

nowtu

несвест

flaw

бол

pen

повреда
soro

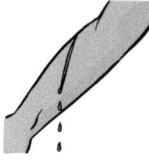

крварење
brudu

срчани удар
ati siki

удар
bururtu

алергија
trefu

кашаљ
koso

грозница
kortsu

грипа
griep

пролив
lusu bere

главобоља
ede-ati

рак
takrusiki

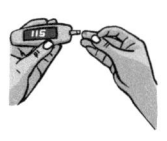

дијабетес
sukru

хирург
chirurg

скалпел
skalpel

операција
operâsi

болница - ati oso

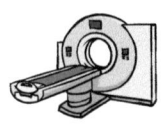
цт
CT

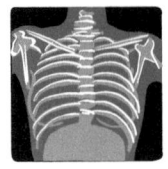
рентген
röntgen

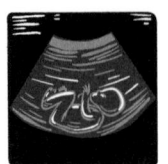
ултразвук
echo

маска
fesi maskradu

болест
siki

чекаона
wakti kamra

штака
kroku

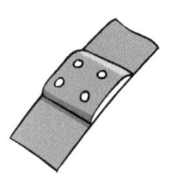
фластер
duku

завој
duku

ињекција
spoiti

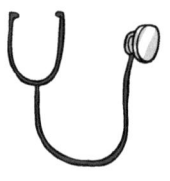
стетоскоп
stethoskoop

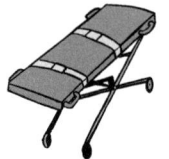
носила
brandkard

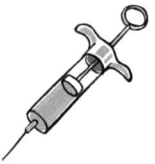
термометар
temperatuur marki

рођење
gebore

прекомерна тежина
fatu

74   болница - ati oso

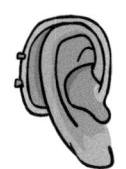

слушни апарат

masyin fu yere

средство за дезинфекцију

sani fu krin

инфекција

dyomposiki

вирус

firus

хив / аидс

HIV / AIDS

медицина

dresi

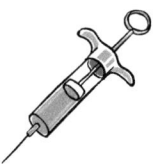

вакцинација

faksinasi

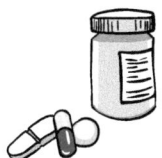

таблете

perki

пилула

perki

хитни позив

nowtu nomru

уређај за мерење притиска

brudu marki

болесно / здраво

siki / gesontu

болница - ati oso

хитни случај
nowtu

помоћ!
Yepi!

аларм
warskow

насртај
feti

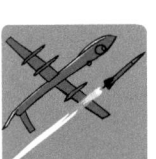

напад
feti

опасност
ogri

излаз у случају нужде
a nowtu doro

пожар!
Faya!

противпожарни апарат
fayakiri sani

незгода
mankeri

кутија прве помоћи
EHBO-kofru

сос
SOS

полиција
skowtu

земља
grontapu

Европа
Bakrakondre

Северна Америка
Opo-Amerkan

Јужна Америка
Suid-Amerkan

Африка
Afrika

Азија
Asi

Аустралија
Australia

Атлантик
Atlantis Se

Пацифик
Tan tiri Se

Индијски океан
Indisch Se

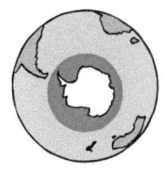

Антарктички океан
Suidsei Se

Арктички океан
Noordsei Se

Северни пол
Noordsei

Јужни рол
Suidsei

Антарктик
Antartika

земља
grontapu

земља
kondre

море
se

оток
eilanti

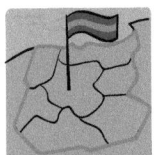
нација
nâsi

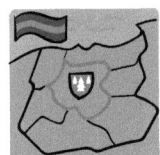
држава
lanti

сат
oloisi

бројчаник сата

oloisi fesi

сатна казаљка

yuru sori

минутна казаљка

miniti sori

секундна казаљка

sekonde sori

Колико је сати?

O lati a de?

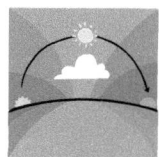

дан

dey

време

ten

сада

now

дигитални сат

oloisi

минута

miniti

час

yuru

седмица
wiki

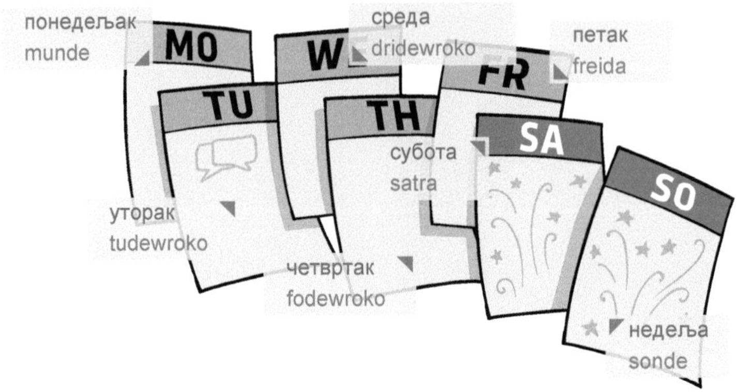

понедељак — munde
уторак — tudewroko
среда — dridewroko
четвртак — fodewroko
петак — freida
субота — satra
недеља — sonde

јуче — esde

данас — tide

сутра — tamara

јутро — mamanten

подне — bakadina

вече — neti

радни дани — den wrokodei

викенд — weekend

година

yari

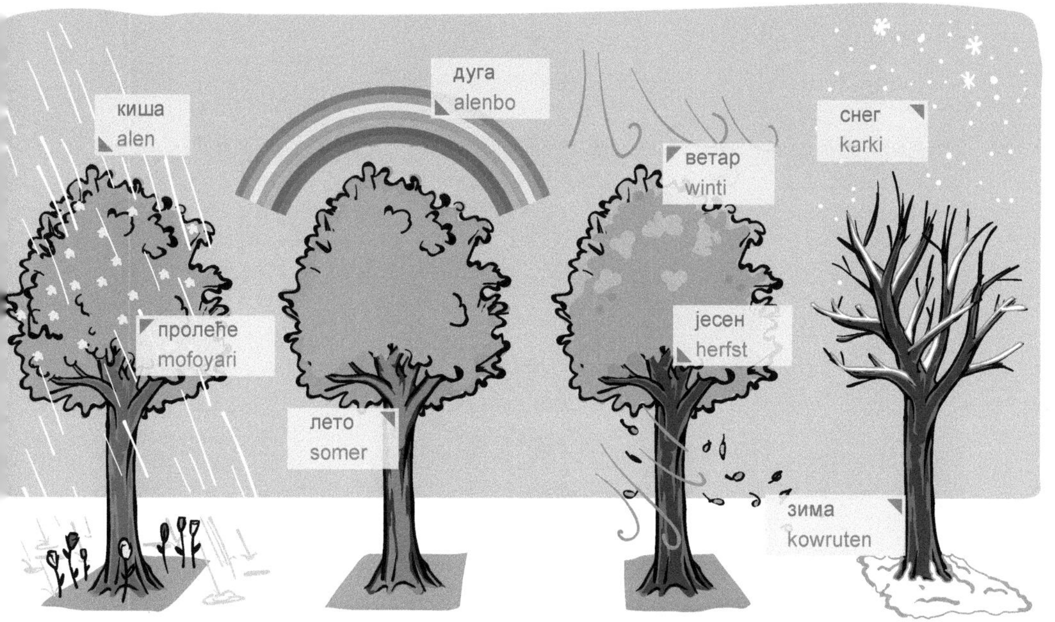

киша
alen
дуга
alenbo
снег
karki
ветар
winti
пролеће
mofoyari
јесен
herfst
лето
somer
зима
kowruten

4.APRIL 11°
5.APRIL 4°
6.APRIL 13°
7.APRIL 8°
8.APRIL 10°

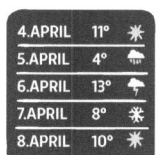

метеоролошка прогноза

taki fu a weer

F C
120 40
90 30
60 20
30 10
0 0
-30 -10
-20

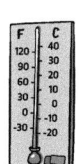

термометар

thermometer

сунчана светлост

skèin fu a son

облак

wolku

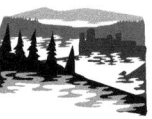

магла

dow

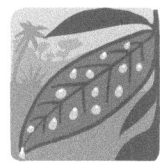

влажност ваздуха

loktu foktu

муња
faya

грмљавина
dondru

олуја
sekiwatra

туча
agra

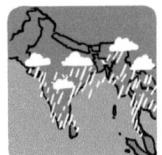

монсун
bigi skwala

поплава
frudu

лед
èisi

јануар
januari

фебруар
februari

март
maart

април
april

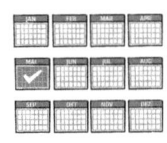

мај
mei

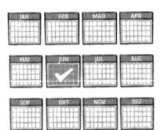

јуни
juni

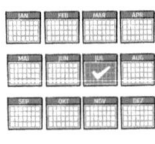

јули
juli

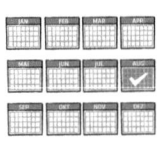

август
augustus

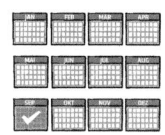
септембар
september

октобар
oktober

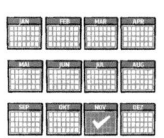
новембар
nofember

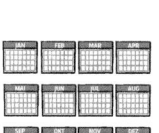
децембар
december

облици
form

круг
lontu

квадрат
fokanti

правоугао
fokanti naga langa sei

троугао
dri-uku

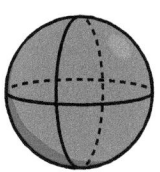
кугла
lontu

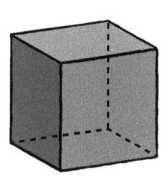
коцка
kubus

боје
kloru

бела
witi

жута
geri

наранџаста
alanya

ружичаста
ròs

црвена
redi

љубичаста
lila

плава
blaw

зелена
grun

смеђа
broin

сива
grei

црна
blaka

супротности
difrenti

много / мало
tumsi / wanwan

љутито / мирно
atibron / tiri

лепо / ружно
moi / takru

почетак / крај
begin / kba

велико / малено
bigi / ptyin

светло / тамно
lekti / dungru

брат / сестра
brada / sisa

чисто / прљаво
krin / doti

потпуно / непотпуно
krinkrin / no bun nofo

дан / ноћ
dei / neti

мртво / живо
dede / libi

широко / уско
bradi / smara

јестиво / нејестиво

kan nyan / no kan nyan

зло / добро

takru / bun

узбуђено / досадно

prisiri / ferferi

дебело / мршаво

fatu / fini

на почетку / на крају

fosi / lasti

пријатељ / непријатељ

mati / feyanti

пуно / празно

furu / leigi

тврдо / мекано

tranga / safu

тешко / лагано

hebi / lekti

глад / жеђ

angri / dreineki

болесно / здраво

siki / gesontu

илегално / легално

no gi pasi / tru

паметно / глупо

koni / don

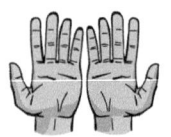

лево / десно

kruktu / leti

близу / далеко

gi / fara

ново / половно
nyun / owru

ништа / нешто
noti / wan sani

старо / младо
owru / jongu

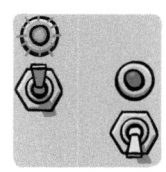

укључено / искључено
leti / tapu

отворено / затворено
opo / tapu

тихо / гласно
safu / tranga

богато / сиромашно
gudu / poti

тачно / погрешно
bun / fowtu

храпаво / глатко
grofu / grati

тужно / сретно
sari / breiti

кратко / дуго
shatu / langa

полако / брзо
loli / esi-esi

мокро / сухо
nati / drei

топло / хладно
warang / kowru

рат / мир
feti / freide

бројеви
nomru

0 нула / noti

1 један / wan

2 два / tu

3 три / dri

4 четири / fo

5 пет / feifi

6 шест / siksi

7 седам / seibi

8 осам / aiti

9 девет / neigi

10 десет / tin

11 једанаест / erfu

12
дванаест
twarfu

13
тринаест
tin-na-dri

14
четрнаест
tin-na-fo

15
петнаест
tin-na-feifi

16
шестнаест
tin-na-siksi

17
седамнаест
tin-na-seibi

18
осамнаест
tin-na-aiti

19
деветнаест
tin-na-neigi

20
двадесет
twenti

100
стотину
hondru

1.000
хиљаду
dusun

1.000.000
милион
milyun

језици
den tongo

енглески
Ingristongo

амерички енглески
Amerkan Ingristongo

мандарински кинески
Sneisi Mandarijntongo

хиндски
Hinditongo

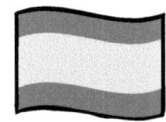

шпански
Spanyoro

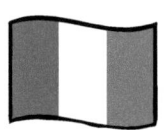

француски
Frans

арапски
Arabiatongo

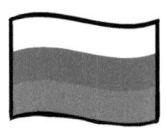

руски
Rusitongo

португалски
Potogisi

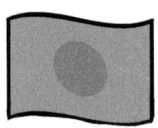

бенгалски
Bengalitongo

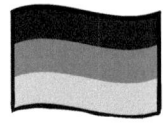

немачки
Doisritongo

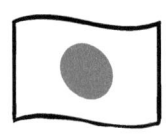

јапански
Japantongo

ко / шта / како
suma / sang / fa

ja
mi

ти
yu

он / она / оно
en / en / en

ми
unu

ви
yu

они
den

Ко?
suma?

Шта?
san?

Како?
fa?

Где?
pe?

Када?
oten?

име
nen

где
ре

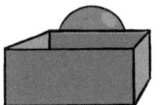

иза

baka

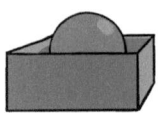

у

ini

испред

fesi

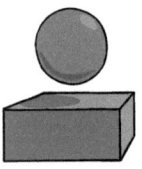

преко

abra

на

tapu

испод

ondro

поред

na sei

између

mindri

место

presi